BEI GRIN MACHT SICH IHR WISSEN BEZAHLT

- Wir veröffentlichen Ihre Hausarbeit,
  Bachelor- und Masterarbeit

- Ihr eigenes eBook und Buch -
  weltweit in allen wichtigen Shops

- Verdienen Sie an jedem Verkauf

Jetzt bei www.GRIN.com hochladen und kostenlos publizieren

Bibliografische Information der Deutschen Nationalbibliothek:

Die Deutsche Bibliothek verzeichnet diese Publikation in der Deutschen National-
bibliografie; detaillierte bibliografische Daten sind im Internet über http://dnb.d-
nb.de/ abrufbar.

Impressum:

Copyright © 2017 GRIN Verlag, Open Publishing GmbH
Druck und Bindung: Books on Demand GmbH, Norderstedt Germany
ISBN: 9783668587373

Dieses Buch bei GRIN:

http://www.grin.com/de/e-book/383162/quantified-personality-automatisierte-
persoenlichkeitsanalyse-anhand-von

Steffen Schumacher

Quantified Personality. Automatisierte Persönlichkeitsanalyse anhand von Online- und Mobilfunknutzungsdaten

GRIN Verlag

GRIN - Your knowledge has value

Der GRIN Verlag publiziert seit 1998 wissenschaftliche Arbeiten von Studenten, Hochschullehrern und anderen Akademikern als eBook und gedrucktes Buch. Die Verlagswebsite www.grin.com ist die ideale Plattform zur Veröffentlichung von Hausarbeiten, Abschlussarbeiten, wissenschaftlichen Aufsätzen, Dissertationen und Fachbüchern.

Besuchen Sie uns im Internet:

http://www.grin.com/

http://www.facebook.com/grincom

http://www.twitter.com/grin_com

Quantified Personality - Automatisierte Persönlichkeitsanalyse anhand von Online- und Mobilfunknutzungsdaten

Steffen Schumacher

11/2017

Algorithmen sind formulierte Anweisungen zur schrittweisen Durchführung einer Methode. Sozial- und Kulturwissenschaftler tendieren jedoch dazu, diesen Begriff auszuweiten und als Generalbegriff für digitale Automatisierung zu verwenden. Computerprogramme enthalten aber auch nicht-algorithmische Anweisungen. Algorithmen sind außerdem wandelbar, wandeln sich während ihrer Implementierung und ihrer Verwendung, weshalb die Rede von „dem" mit sich selbst immer identischen Algorithmus oft nicht zutrifft. Eine zu große Distanz vom Verständnis, das die Informatik vom Begriff des Algorithmus hat, beeinträchtigt die Verständlichkeit sozial- und kulturwissenschaftlicher Erörterungen seitens Computerwissenschaftlern, gleichzeitig sollten diese Wissenschaften ihr Verständnis des Begriffs nicht auf dasjenige der Informatik einschränken, um das Phänomen auch weiterhin aus anderen Perspektiven behandeln zu können. (vgl. Dourish 2016)
Automatisierte Persönlichkeitsanalyse braucht keine Fragebögen mehr, die von den zu analysierenden Personen ausgefüllt werden, sie braucht nicht einmal mehr eigens für ihren Zweck erhobene Daten, sondern verwendet Nutzungsdaten, die ohnehin bzw. in anderen Kontexten anfallen. Das ist die große Neuheit, die dieses Gebiet mit sich bringt und die dazu führte, dass die beiden in den Jahren 2013 und 2015 in den „Proceedings of the National Academy of Sciences of the United States of America" erschienenen Artikel von Kosinski und Stillwell über die Ermittlung der Persönlichkeit von Facebook-Usern aus deren Likes nach eigenen Angaben Kosinskis auf seiner Webseite gemäß ihres Altmetric Scores die beiden einflussreichsten jemals in den „Proceedings" erschienenen Artikel sind und der viert- bzw. 19.-einflußreichste wissenschaftliche Artikel überhaupt.

Da die betreffenden Algorithmen für die massenhafte Persönlichkeitsermittlung auf Big Data angewiesen sind, sowohl für ihre Entwicklung als auch später für ihre Anwendung, fallen sie unter die drei Paradoxe, die nach Richards und King (2013) Big Data ganz allgemein betreffen: 1. das Transparenz-Paradox, es besteht darin, dass zum einen immer mehr Daten gesammelt werden, um mehr Informationen über die Welt zu bekommen, sie transparenter zu machen, zum anderen das Sammeln und die Auswertung der Daten unsichtbar und undurchdringlich sind. Sie werden an unbekannten Orten auf Servern gespeichert und mit schwer zu durchschauenden Methoden, Algorithmen, analysiert. Das gilt ganz allgemein, d.h. auch für die Auswertungsdaten und Algorithmen der automatisierten Persönlichkeitsanalyse.
2. Das Identitäts-Paradox, das darin besteht, dass durch die Analyse von massenhaft anfallenden Nutzungsdaten zum einen die Präferenzen, Verhaltensweisen und jetzt auch die Persönlichkeit der Nutzer ermittelt werden sollen, zum anderen die Ergebnisse aber dafür verwendet werden, um bei den so analysierten Personen bestimmte Einstellungen und Verhaltensweisen zu induzieren, ihre Identität also zu beeinflussen, in eine bestimmte Richtung zu lenken. Als Beispiel werden die Filterblasen (filter bubbles) genannt, in die Nutzer aufgrund von automatisierten Nachrichten- und Mitteilungssystemen geraten, die ihnen immer nur solche Nachrichten schicken und zugänglich machen, die ihren bereits existierenden, automatisiert ermittelten Präferenzen entsprechen. Auch die automatisierte Persönlichkeitsanalyse soll, wie die Präferenzanalyse, dazu dienen, Werbe- und politische Botschaften ihrer Form und ihrem Inhalt nach so zu gestalten, dass sie die Persönlichkeit der Nutzer ansprechen. Auch kommerzielle Webseiten und Services und das Verhalten virtueller Agenten sollen so auf den einzelnen User zugeschnitten werden können. Kommt hier also

eine über die Filterblase hinausgehende Persönlichkeitsblase auf die Nutzer zu, die die digitale Umwelt der Nutzer maximal gefällig macht?

3. Das dritte Big-Data-Paradox, welches mit den ersten beiden zusammenhängt, ist das Macht-Paradox, das darin besteht, dass einerseits Big Data jedermann zur Information über die Welt und zur Kommunikation mit anderen Nutzern dienen sollen, die in ihnen gespeicherten Nutzungsspuren der Individuen aber zum anderen von denjenigen, die über diese Daten verfügen können, also große Organisationen und staatliche Behörden, dazu benutzt werden können, Informationen über die Nutzer zu gewinnen, um sie so besser kontrollieren zu können. Dieses Risiko besteht im Falle der automatisierten Persönlichkeitsanalyse natürlich im erhöhten Maße, da es um intimes Wissen geht, das Schwachpunkte der Individuen und Möglichkeiten ihrer Beeinflussung aufdeckt, die in ihrer Persönlichkeitsstruktur liegen.

Automatisierte Persönlichkeitsermittlung ist ein sehr junges Forschungsfeld, der erste Überblicksartikel über es erschien im Jahre 2014 (Vinciarelli 2014). Laut ihm stieg die Zahl der Aufsätze, die in Zeitschriften der beiden größten internationalen Informatikorganisationen ACM und IEEE [1] publiziert wurden und den Begriff „personality" im Titel haben, im Jahre 2010 sprunghaft an. Alle von mir gefundenen Aufsätze über das Thema stammen aus den Jahren 2011 und später und sind fast falle in Zeitschriften der beiden genannten Fachorganisationen erschienen. Die Autoren haben zum größten Teil einen Abschluß in Informatik oder Psychologie bzw. Psychometrie.

Das verwendete Persönlichkeitsmodell ist in allen von mir ausgewerteten Publikationen das Big-Five-Persönlichkeitsmodell. Es ist ein psychologisches Persönlichkeitsmodell, das davon ausgeht, dass sich die Persönlichkeit jedes Menschen aus fünf Dimensionen zusammensetzt, die mehr oder weniger stark ausgeprägt sein können. Diese fünf Dimensionen werden Charakterzüge (personality traits) genannt. Es sind Offenheit (openness), Gewissenhaftigkeit (conscientiousness), Gesellligkeit (extraversion), Verträglichkeit (agreeableness) und Neurotizismus (neuroticism). [2] Dass es ein psychologisches Persönlichkeitsmodell ist, bedeutet, dass grundlegende Werte und Einstellungen, welche ebenfalls zur Persönlichkeit von Individuen gehören, nicht ermittelt werden. [3] Das Big-Five-Modell ist zurzeit das in der Psychologie am weitesten verbreitete und akzeptierte Persönlichkeitsmodell und besitzt insbesondere auch signifikante Beziehungen zu externen Variablen wie Arbeitszufriedenheit, beruflicher Position und Leistung sowie Partner- und Freundeswahl (Golbeck et al. 2011a).

In einer Studie von Mitarbeitern des IBM Almaden Research Centers (Gou et al. 2014) werden zusätzlich noch zwei andere Persönlichkeitsmodelle für die Analyse verwendet: die „basic human values" von Shalom H. Schwartz – Selbsttranszendenz (self-transcendence), Bewahrung (conservation), persönliche Entwicklung (self-enhancement), Offenheit gegenüber Wandel (openness-to-change) und Bedürfnisbefriedigung (hedonism) – sowie ein von den Autoren selbst entwickeltes Persönlichkeitsmodell, das auf Maslows Bedürfnispyramide und auf Marketingliteratur basiert, die sogenannten „fundamental needs" Ideale (ideals), Harmonie (harmony), Nähe (closeness), Selbstverwirklichung (self-expression), Spannung (excitement) und Neugier (curiosity).

---

[1] Die Association for Computing Machinery (ACM) ist die größte internationale, wissenschaftliche Organisation für Informatik und das Institute for Electrical and Electronics Engineers (IEEE) ist der größte internationale Berufsverband für Ingenieure aus dem Bereich der Elektro- und Informationstechnik.
[2] Das Modell wird auch oft nach dem Acronym, das man aus den Anfangsbuchstaben der englischen Begriffe für die fünf Dimensionen in dieser Reihenfolge erhält, OCEAN-Modell genannt.
[3] Sie werden aber durch die Techniken von Sentiment Analysis und Opinion Mining ermittelt, bei denen es darum geht, welche positiven und negativen Einstellungen Personen zu welchen Eigenschaften von bestimmten Objekte haben (Liu/Zhang 2013), wobei es hier auch um kurzfristige bzw. ephemere Einstellungen gehen kann, etwa zu Produkten, die man nicht als Teil der individuellen Persönlichkeit bezeichnen würde.

Zum Big-Five-Modell muß noch gesagt werden, dass es auch Kritik an ihm gibt, die insbesondere seine intraindividuelle, zeitliche Stabilität betrifft: Personen, die den Big-Five-Fragenbogen zu mehreren unterschiedlichen Zeitpunkten ausfüllen, werden bzgl. der fünf Charakterzüge nicht jedes Mal gleich klassifiziert (Neuman 2016: 13). Das betrifft also die Test-Retest-Reliabilität.

Die erste Art von Daten, aus denen die Persönlichkeit der Nutzer automatisiert ermittelt werden können soll, sind Smartphone-Nutzungsdaten.
Hier gibt es eine Reihe von ersten Aufsätzen, die Versuche mit Smartphone-Usern beschreiben. Diesen wird zum einen ein Persönlichkeitsfragebogen vorgelegt, zum anderen werden Smartphonenutzungsdaten entweder von einer speziellen App gespeichert – Call Logs, SMS Logs, App Logs, Bluetooth Scans der Umgebung und Profile Logs, also Logs der Profileinstellung, Herzfrequenz, GPS-Position und, davon abgeleitet, die Gehgeschwindigkeit, Beschleunigung, Schlafdauer, Helligkeit, Druck [4] - oder es werden die Mobilfunknutzungsdaten verwendet, die der Mobilfunkbetreiber speichert, - Metadaten - und dann mathematisch Verbindungen zwischen beiden gesucht, durch Methoden wie Regressions- und Korrelationsanalysen. Das ist generell bei diesen Algorithmen, Programmen zur Persönlichkeitsermittlung so: sie basieren immer auf Formeln, die durch in Inbeziehungsetzen von Ergebnissen von Persönlichkeitsfragebögen mit den anderen Daten gewonnen wurden, aus denen man die Persönlichkeit der User dann später ohne Persönlichkeitsfragebogen herauslesen will.
In einer Studie von 2011 (Chittaranjan et al. 2011) wird eine große Anzahl von Nutzungs-Logdaten als unabhängige Variablen verwendet, welche über einen Zeitraum von acht Monaten von einer speziellen Software auf den Smartphones von 83 Testpersonen gespeichert wurden: Nutzung von Office, Internet, Video, Audio, Maps, Youtube, Kalenderfunktion, Kamera, Chatfunktion, SMS, Spielen, Anzahl der ausgehenden Anrufe, Dauer der ausgehenden Anrufe (durchschnittlich und insgesamt), Anzahl der eingehenden Anrufe, Dauer der eingehenden Anrufe (durchschnittlich und insgesamt), Anzahl der aus- und eingehenden e-Mails, Anzahl der aus- und eingehenden SMS, Wortlänge in aus- und eingehenden e-Mails (durchschnittlich und als Median), Anzahl der Kontakte: Anzahl der Telefonnummern, die angerufen wurden, Anzahl der Telefonnummern, die anriefen, dasselbe für die SMS-Kontakte etc. Es wurden die Big-Five-Traits verwendet. Eine Regressionsanalyse mit all diesen Variablen als unabhängigen Variablen erzielte eine Erhöhung der Genauigkeit der Persönlichkeitsvorhersage, verglichen mit zufälliger Klassifizierung, von zwischen 17% und knapp 40% für die einzelnen fünf Traits (durchschnittlich 25%, am besten Extraversion und Neurotizmus). Das entspricht einer richtigen Persönlichkeitsklassifizierung von gut 69% bis knapp 76%. Die Interpretation der Ergebnisse ist nicht einfach wiederzugeben, zum Teil sind die Zusammenhänge, die die Variablen mit Traits hatten, direkt plausibel, zum Teil sind sie nicht ohne weiteres einsehbar. Dass z.B. extrovertierte Personen mehr Anrufe bekamen und diese Gespräche dann auch länger dauerten, ist plausibel. Ein entsprechender Zusammenhang für ausgehende Anrufe bestand aber nicht. Ein anderes Beispiel: für das Ergebnis, dass bei emotional stabilen (d.h. wenig neurotischen) Personen sowie bei nicht verträglichen Personen ein und dieselben Bluetooth-IDs häufiger registriert wurden (über Bluetooth-Scans der Umgebung), finden die Autoren die spekulative Erklärung, dass Personen mit diesen Persönlichkeitszügen sich länger an ein und demselben Ort aufhalten als andere Personen.
In zwei Studien aus den Jahren 2011 und 2013 (Oliveira et al. 2011, Montjoye et al. 2013) werden ausschließlich Daten verwendet, die dem sogenannten call detail record (CDR) entnommen werden können, d.h. aus den von den Telefongesellschaften gespeicherten

---

[4] Denkbar wäre auch die Nutzung von Daten, die von wearable devices wie Smart Watches und Fitness-armbändern an das Smartphone übermittelt werden.

Metadaten der Anrufe, SMS und MMS ihrer Kunden. Das sind etwa die Anzahl der Anrufe, der SMS und der MMS, jeweils ausgehend und eingehend, die Dauer der Anrufe, der Zeitabstand zwischen Erhalt und Beantwortung von Textnachrichten sowie zwischen Telefongesprächen mit ein und demselben Kontakt (Telefonnummer), das Verhältnis zwischen Anzahl von Telefongesprächen und Textnachrichten und der Zahl der Kontakte. Es ist also nicht mehr nötig, das oben geschilderte Nutzungsverhalten aus Smartphone-Logs auszulesen. Auch diese beiden Studien verwenden das Big-Five-Modell. Die durchschnittliche Verbesserung der Vorhersage der Big-Five-Nutzerpersönlichkeit gegenüber der Zufallswahl ist höher als in der oben genannten Studie: 39% (bezogen auf die Varianz) und 42% (bezogen auf die Einstufung der Individuen in die drei Kategorien niedrig, mittel, hoch pro Trait). Während in letzterer Studie, wie bei Chittaranjan et al. 2011, Extraversion und Neurotizismus am besten vorhergesagt werden konnten, waren es in ersterer Offenheit und Gewissenhaftigkeit. Nach dem Einbezug zusätzlich von Eigenschaften des sozialen Netzwerks der Testpersonen, wie Anzahl der Kontakte, Dichte des Netzwerks, Anzahl von häufigen Kontakten, wurde in ersterer Studie Offenheit am besten vorhergesagt und Neurotizismus am schlechtesten, ein Muster, das in den unten beschriebenen, auf Daten aus sozialen Netzwerken beruhenden, Studien ebenfalls oft zu finden ist.

Nach 2013 habe ich solche Studien, die Smartphone-Nutzungsdaten verwenden, nicht mehr gefunden. In einem Aufsatz aus dem Jahre 2016 (Guo 2016) werden immerhin Überlegungen darüber angestellt, welche Smartphone-Nutzungsdaten für die Persönlichkeitsanalyse der User geeignet sein könnten, sie werden aber nicht empirisch überprüft: physische Variablen wie Herzfrequenz und GPS-Position sowie „andere" Variablen wie etwa die durch den Browserverlauf ermittelbaren Präferenzen der User.

Die zweite Art von Daten, die in Studien verwendet werden, um die Nutzerpersönlichkeit zu ermitteln, sind Facebook-Likes.
Diese Datenart wurde durch die oben bereits erwähnten Michael Kosinski, Psychologe und Psychologieinformatiker, und David Stillwell, Psychologe und Psychometriker, erfolgreich verwendet und berühmt gemacht, auch durch die Art und Weise der Formulierung der erreichbaren Genauigkeitsgrade: sie vergleichen die Genauigkeit ihres Verfahrens mit der von Bekannten, Freunden und Lebenspartnern erreichbaren Genauigkeit bei der Einschätzung der Persönlichkeit von Individuen. Beide arbeiteten noch im Jahre 2013 am Zentrum für Psychometrie der Universität Cambridge. Im Jahr 2015 war Kosinski an die Stanford-Universität gewechselt. Auch sie verwenden das Big-Five-Persönlichkeitsmodell.
Im ersten ihrer beiden einschlägigen Aufsätze (Kosinski et al. 2013) sagen sie außer der Big-Five-Persönlichkeit auch andere persönlichen Eigenschaften wie sexuelle Orientierung, Geschlecht, Alter, Rasse und politische Überzeugung aus Facebook-Likes voraus, im zweiten geht es dann nur noch um die Big Five (Youyou et al. 2015). Sie verwenden beidesmal die Daten von Zehntausenden von Personen, die einen Big-Five-Persönlichkeitsfragebogen in einer von Stillwell entwickelten Facebook-App namens myPersonality ausgefüllt und der Verwendung ihrer Persönlichkeits- und ihrer Facebookprofildaten für die wissenschaftliche Forschung zugestimmt haben. Insgesamt 7,5 Millionen Facebook-Nutzer haben einen der Persönlichkeitsfragebogen, die aus 20 bis 100 Fragen bestanden (Schwartz et. al. 2013: 6), in den Jahren von 2007 bis 2012 ausgefüllt, als die App bei Facebook in Betrieb war. Auch andere psychometrische Tests konnten gemacht werden. Sie werden im 2015er-Aufsatz zur externen Validierung der Persönlichkeitsmessungen herangezogen. Motivation für die Teilnahme war, dass man sich danach das Testresultat anschauen konnte. Es gab auch eine Opt-Out-Möglichkeit, mit der man der Verwendung des eigenen Persönlichkeitsprofils zu Forschungszwecken widersprechen konnte (Youyou et al. 2015, p.1). Facebook-Likes waren vom Jahre 2009 an bis 30. April 2015 öffentlich per API zugänglich (Anonymous 2016), sodass sie zu dieser Zeit ein öffentlich zugängliches Reservoire an Daten darstellten.

Im Aufsatz von 2015 arbeiten die Psychometrie-Forscher mit den Daten von 70.000 Testteilnehmern, die alle den 100-Item-Big-Five-Persönlichkeitsfragebogen ausgefüllt haben. Gut 17.000 von diesen wurden auch von einem Facebook-Freund bzgl. ihrer Persönlichkeit eingestuft, mit einem 10-Item-Big-Five-Persönlichkeitsfragebogen, und 14.000 davon von einem weiteren Facebook-Freund, sodass in diesen Fällen die Übereinstimmung zwischen beiden Beurteilungen ermittelt werden konnte. Mittels einer Regressionsanalyse haben sie nun den Zusammenhang zwischen Facebook-Likes und Big-Five-Persönlichkeitszügen berechnet und dann untersucht, wie gut sie mit der resultierenden Regressionsformel die aus dem von den Usern selbst ausgefüllten Fragebogen ermittelten Persönlichkeitszüge vorhersagen konnten und zwar bei solchen Usern, deren Daten nicht schon in die Berechnung der Formel eingegangen waren. Sie reservierten ein Zehntel der Stichprobe für diese Überprüfung der Genauigkeit. Die Genauigkeit der Vorhersage stieg mit der Anzahl der einbezogenen Facebook-Likes, was ja plausibel ist. Genauigkeitsschwellen haben sie aus einer Metaanalyse von Publikationen ermittelt, d.h. Genauigkeiten, mit denen Arbeitskollegen, Mitbewohner, Freunde und Partner jemandes Persönlichkeit via Fragebogen einschätzen können, ausgedrückt in Produkt-Moment-Korrelationen r. Das Ergebnis war, dass die so gewonnene Regressionsformel bei der Einbeziehung von 10 Facebook-Likes die Persönlichkeit – konzeptualisiert als Durchschnittswert der Big-Five-Persönlichkeitszüge - besser einschätzen konnte als ein Arbeitskollege, bei der Einbeziehung von 70 Likes besser als ein Freund oder ein Mitbewohner, bei 150 Likes besser als ein Familienmitglied und bei 300 Likes besser als der Partner. [5] Außerdem war auch die Übereinstimmung zwischen Urteilen unterschiedlicher Instanzen bei Algorithmen besser als bei Menschen. Im Falle von Menschen sind diese unterschiedlichen Instanzen unterschiedliche Menschen, im Falle von Algorithmen sind es zwei unabhängig voneinander erstellte, auf jeweils einer zufällig ausgewählten Hälfte der Likes basierende Algorithmen. Schließlich korrelieren die aus dem Algorithmus folgenden Persönlichkeitsurteile auch besser mit menschlichem Verhalten und anderen Aspekten, die aus den Facebook-Profilen der Teilnehmer sowie aus den anderen psychometrischen Tests, die in der App gemacht werden konnten, ermittelt wurden: dem Studienfach, der Größe des Facebooknetzwerks, Einnahme von Drogen, körperlicher Gesundheit, den Facebook-Aktivitäten und Einstellungen wie Parteipräferenz, allgemeinen Werten und Lebenszufriedenheit sowie mit Depression als psychischer Befindlichkeit. Daraus schließen sie, dass Facebook-Likes ein besserer Prädiktor für die Persönlichkeit von Menschen sind als die sozialkognitiven Fähigkeiten von Menschen. Letztere lassen sich in ihrer Wahrnehmung von nicht zur Sache gehörigen Dingen beeinflussen. Computer seien also besser darin, die Persönlichkeit von Menschen einzuschätzen als Menschen. Andererseits konstatieren die Autoren, dass Persönlichkeit hier auf die Big-Five-Persönlichkeitszüge beschränkt ist und es vermutlich noch andere, etwa auch subtilere, Persönlichkeitseigenschaften geben wird, die mit dem Big-Five-Fragebogen nicht erfasst, sondern bisher nur von Mitmenschen erkannt werden können.

Die Resultate ihrer Studie konnten sie also sehr griffig ausdrücken: bei der Einbeziehung von 70 Likes jemanden besser einschätzen als ein Freund oder ein Mitbewohner, bei 150 Likes besser als ein Familienmitglied und bei 300 Likes besser als der Partner. Das zeigt natürlich gleichzeitig den data driven approach, der vielen Big-Data-Projekten zu eigen ist: es wird nicht theoriegetrieben geforscht, sondern aufgrund von einfachen Vorannahmen oder schlicht wegen ihrer Verfügbarkeit eine Menge von Daten untersucht, in der Praxis bisher bei weitem nicht so sehr über ihren Zusammenhang mit der User-Persönlichkeit, sondern über ihren Zusammenhang mit User-Attributen wie Bonität (Kreditwürdigkeit), Kaufkraft, Kreditkündigungswahrscheinlichkeit, Gesundheitsprognose (Christl 2014).

---

[5] Von den fünf Charakterzügen war Offenheit deutlich am besten vorherzusagen; die restlichen vier Charakterzüge lagen enger zusammen, am schlechtesten war Neurotizismus vorherzusagen.

Und da reicht es eben aus, für die angestrebten praktischen Zwecke des Verfahrens, dass die Formel funktioniert. Eine Erklärung für die gefundenen Zusammenhänge braucht man nicht notwendigerweise. Was m.E. natürlich bedeutet, dass man auch nicht vorhersagen kann, ob sich die Prognosekraft der in der Formel auftauchenden unabhängigen Variablen mit der Zeit verändert, etwa abschwächt, weil sie sich in ihrer Ausprägung oder ihrer allgemeinen Qualität großflächig ändern. Das bedeutet, man muß in regelmäßigen Abständen die Formel überprüfen und ggf. aktualisieren, weil man nicht weiß, ob die Zusammenhänge noch existieren bzw. sich nicht verändert haben.

Eine allgemeine Aussage über den Grund für die Persönlichkeitsvorausagefähigkeit von Facebook-Likes machen Youyou, Kosinski und Stillwell (2015): "Why are Likes diagnostic of personality? Exploring the Likes most predictive of a given trait shows that they represent activities, attitudes, and preferences highly aligned with the Big Five theory. For example, participants with high openness to experience tend to like Salvador Dalí, meditation, or TED talks; participants with high extraversion tend to like partying, Snookie (reality show star), or dancing." (Youyou et al. 2015: 2)

Es ist plausibel, dass Likes unmittelbar etwas mit Einstellungen, Präferenzen und eigenen Aktivitäten zu tun haben. Denn sie sind Ergebnis einer wertenden Handlung. Dennoch fehlt hier eine eigentliche Theorie. Und es wird auch keine aus den Ergebnissen heraus aufgestellt.

Bleibt noch zu sagen, dass sich, wie oben erwähnt, diese Resultate auf den aus den fünf Persönlichkeitszügen gebildeten Mittelwert beziehen. Die fünf Traits werden aber, einzeln betrachtet, verschieden gut vorhergesagt: am besten Offenheit, am schlechtesten Gewissenhaftigkeit und Neurotizismus. Über Gründe für diese Differenzen in der Vorhersagefähigkeit, sagen Youou, Koskinski und Stillwell wiederum nichts. Man sieht also, es bleibt bei der sehr allgemeinen Erklärung.

Bleibt hinzuzufügen, dass heute, im Jahre 2017, diese Methode nicht mehr für die Praxis nutzbar ist, da Facebook-Likes nicht mehr per Default öffentlich zugänglich sind.

Exkurs: Die Rolle der automatisierten Persönlichkeitsermittlung mittels Facebook-Likes im US-amerikanischen Wahlkampf des Jahres 2016

Nach Trumps Wahlsieg behauptete das US-Unternehmen Cambridge Analytica, es habe durch psychographische Analyse von Wählern, die es unter anderem auch auf Grundlage ihrer Facebook-Likes durchgeführt habe, Trumps Wahlkampfteam deren effektivere Ansprache und dadurch Trumps Wahlsieg ermöglicht (Confessore et al. 2017). Dieses Unternehmen hat offenbar einige seiner Mitarbeiter von der Universität Cambridge rekrutiert und seinen Namen in Verbindung damit gewählt. Natürlich transportiert der Name auch den guten Ruf der Universität. Michael Kosinski beschuldigt das Unternehmen laut Zeitungsberichten, das von ihm mitentwickelte Verfahren der Analyse von Facebook-Likes geklaut zu haben, evtl. durch Kontakt zu Mitarbeitern des Zentrums für Psychometrie der Universität, an dem er und Stillwell ja arbeiten bzw. arbeiteten (Grassegger et al. 2016, Hartlmaier et al. 2017: 35f.). Seine hochtrabenden Behauptungen musste das Unternehmen mittlerweile wieder zurücknehmen. Es hat nur an einem Teil der Wahlwerbungskampagne Trumps mitgearbeitet und dort auch nur konventionelle, statistische Wähleranalyse betrieben, keine psychographische (Beuth 2017). Allerdings bemüht sich Cambridge Analytica tatsächlich, durch den Kauf so vieler Daten wie möglich über so viele US-Bürger wie möglich Informationen zu bekommen, die eine psychographische Analyse erlauben. Um an Facebook-Likes zu kommen, die ja zur Zeit des US-Präsidentschaftswahlkampfs schon länger nicht mehr per API abrufbar waren, verwendet das Unternehmen eine Quiz-App und einige kleinere Big-Five-Test-Apps, die von den Usern für ihre Teilnahme am Quiz bzw. den Tests den Zugang zu ihren Facebook-Likes verlangen (Grassegger et al. 2016).

Cambridge Analytica gehört zum Teil einem reichen Unterstützer der amerikanischen Konservativen, Rober Mercer, hatte erst für die Präsidentschaftskampagne des Konservativen

Ted Cruz gearbeitet und dann, als dieser ausschied, für diejenige Trumps (Lapowsky 2016). Robert Mercer finanziert im übrigen auch Breitbart News, diese berüchtigte rechtskonservative Nachrichten-Website, bei der Steve Bannon arbeitete und nun, nach seinem Abgang aus dem Weißen Haus, auch wieder arbeitet. Bannon saß eine Zeit lang im Aufsichtsrat von Cambridge Analytica. Soweit also die Verbindungen zwischen Psychographieunternehmen und Politik, wobei Psychographie/ Psychometrie zumindest von diesem Unternehmen, wie erläutert, im letzten US-Wahlkampf nicht eingesetzt wurde, dennoch erhielten es und die von ihm reklamierte psychographische Methode der Wähleranalyse aufgrund der Falschbehauptungen die Aufmerksamkeit der Medien und die daraus folgende öffentliche Aufmerksamkeit. (Grassegger et al. 2016, Confessore et al. 2017)

Für die Überleitung zur dritten Datenkategorie – Texten - gehe ich auf eine Studie von 2011 ein, die sich mit der Analyse von Facebook-Profilen zur Ermittlung der Persönlichkeit ihrer Besitzer beschäftigt (Golbeck et al. 2011b). Die Anzahl der Testpersonen darin ist mit 167 wieder relativ klein. Das verwendete Persönlichkeitsmodell ist wieder das Big-Five-Modell, welches mit einem Fragebogen von den Testpersonen erhoben wurde. Es wurde gefunden, dass Profilfeatures wie Anzahl von Freunden, Dichte des Freundschaftsnetzwerks, d.h. der Anteil der Freunde, der andere Freunde desselben Users kannte, Beziehungsstatus, Länge des Nachnamens, Länge der Aktivitäten- und der Lieblingsbücherliste jeweils mit mindestens einem der fünf Big-Five-Traits signifikant korrelierten. Der Hauptteil der betrachteten Features, die aus den Facebook-Profilen extrahiert wurden, waren aber Wortzählungen, die aus den Status-Updates sowie dem „About me"- und dem „blurb"-Text gewonnen wurden. Hier geht es also bereits um die Kategorie der Textdaten. Die Autoren der Studie analysierten diese Textanteile der Profile mit einem bekannten, häufig verwendeten Computeranalyseprogramm, dem Linguistic Inquiry and Word Count, das die in Texten verwendeten Worte zählt und sie 81 verschiedenen Wortkategorien innerhalb von fünf Oberkategorien zuordnet. Außer Standardzählungen des Vorkommens von grammatischen Wortarten und Worten verschiedener Länge sind diese Oberkategorien: psychologische Prozesse (emotionale, kognitive, sensorische, soziale), Relativität (Zeit, Vergangenheit und Zukunft betreffend), persönliche Aspekte (wie Beruf, finanzielle Themen, Gesundheit) und die Kategorie Sonstiges (etwa Interpunktionszeichen, Schimpfwörter). Die Autoren konnten mittels Regressionsanalysen der erhobenen Big-Five-Traits auf diese unabhängigen Variablen erstere mit einem durchschnittlichen Fehler (mittleren absoluten Fehler) von 11% vorhersagen, was ein recht guter Wert ist. Sie benutzten dabei die Technik der Kreuzvalidierung, d.h. sie fitteten das Modell nicht an den Daten, die sie dann wieder aus ihm vorhersagten, sondern berechneten mehrere Modelle, wobei sie jedes Mal einen anderen Teil der Daten ausschließlich zum Testen des aus dem jeweils anderen Teil von ihnen berechneten Regressionsmodells verwendeten.

Interessant ist auch, dass Kosinski und Stillwell vor ihrer Entwicklung der auf Facebook-Likes basierenden Methode zusammen mit zwei weiteren Autoren in einem Aufsatz von 2011 (Quercia et al. 2011) die Möglichkeit der Persönlichkeitsermittlung ausschließlich aus Twitter-Profildaten untersuchen: der Anzahl der Twitter-User, denen ein Profilinhaber folgt, der Anzahl der eigenen Follower eines Profilinhabers und der Häufigkeit, mit der er in den Leselisten (reading lists) anderer User vorkommt, also nicht unter Einbeziehung von Texten. Einbezogen wurden außerdem zwei Maße für den Einfluß, den Twitter-User im Netzwerk haben, eines davon verwendet zugleich auch die Anzahl ihrer Facebook-Kontakte. Alle diese Profildaten sind öffentlich zugänglich. Untersucht wurden 335 Personen, die den Big-Five-Persönlichkeitstest auf Stillwells App myPersonality gemacht und zugleich den Link zu ihrem Twitter-Account angegeben haben. Es wurde eine Regressionsanalyse mit 10-facher Kreuzvalidierung verwendet. Die Wurzel der mittleren quadratischen Abweichung des

Vorhersagewerts vom tatsächlichen Wert (Mittelwert der fünf Charakterzüge) betrug 0,88, bezogen auf eine Skala von 1 bis 5, was laut den Autoren eine sehr gute Vorhersagegüte ist.

Ich habe den Eindruck, dass dieser Pfad, die Analyse von Social-Media-Profilen, nach 2011 nicht mehr weiter verfolgt wurde, sondern sich auf die Facebook-Likes bzw. ausschließlich auf Texte konzentriert wurde. Allerdings gibt es einige interessante, einleuchtende Korrelationen mit Big-Five-Traits. Die Zahl der Facebook-Freunde ist signifikant positiv mit dem Trait Extraversion korreliert, die Dichte des Facebook-Freundschaftsnetzwerks jedoch negativ, ebenso wie mit dem Trait Openness. Dies erklären die Autoren damit, dass extrovertierte und offene Personen mit vielen verschiedenen Personen Facebook-Freundschaftsbeziehungen hätten, die sich aufgrund ihrer Verschiedenheit aber untereinander zu einem geringeren Anteil kennten als es bei den homogeneren Freundschaftsnetzwerken anderer Persönlichkeitstypen der Fall sei. Die Zahl der Personen, denen man auf Twitter folgt, sowie die Zahl der eigenen Twitter-Follower sind positiv mit Extraversion korreliert und negativ mit Neurotizismus, was Quercia et al. plausiblerweise mit der konstanten Kommunikationsbereitschaft extravertierter Personen und der entgegengesetzten Haltung neurotischer Personen erklären. Dafür dass die Häufigkeit des Vorkommens eines Twitter-Users auf den Leselisten anderer signifikant positiv mit Offenheit korreliert, nicht aber etwa mit Extraversion, geben die Autoren keine direkte Erklärung, verweisen nur darauf, dass Offenheit mit Attributen wie phantasievoll, spontan und abenteuerlustig in Verbindung gebracht wird. Vielleicht sind Tweets offener Personen also besonders interessant geschrieben und enthalten öfter Neues.

Kommen wir zur dritten Datenkategorie, Texten, die an beliebigen Stellen veröffentlicht werden, etwa auf sozialen Plattformen (Twitter, Facebook, Instagram) und in Foren und Blogs. Hier ist die Vorgehensweise ähnlich wie bei Smartphone-Daten und Facebook-Likes: es werden Regressionsformeln oder auch Machine-Learning-Algorithmen (z.B. Entscheidungsbäume) [6] aus einem Korpus von Texten entwickelt, von deren Verfassern man die Big-Five-Persönlichkeitszüge kennt (durch einen Fragebogen erhoben), und dann auf Texte unbekannter User angewandt, um sie in die Big Five einzuordnen. [7] Aus den Texten werden dabei meistens Worthäufigkeiten extrahiert (sog. word count approach (Schwartz et al. 2013: 2)), selten auch die Häufigkeit von Phrasen (Wortkombinationen) und Themen (Wortclustern). Dabei gibt es zum einen das Vorgehen, die Worte, die gezählt werden sollen, bereits existierenden, psychologisch annotierten Wörterbüchern zu entnehmen, etwa dem Linguistic Inquiry and Word Count (LIWC), in der Hoffnung, dass die dort enthaltenen psychologischen Kategorien mit den Persönlichkeitsdimensionen in einem statistisch verwertbaren Zusammenhang stehen. Zum anderen gibt es das Vorgehen, aus der verwendeten Datenquelle selbst erst ein solches Wörterbuch zu generieren, das dann zur Bestimmung der zu zählenden und in die Entwicklung der Regressionsformeln und Algorithmen einzubeziehenden Wörter verwendet wird, also keine Wortauswahl auf Basis bereits existierender Wortkategorisierungen vorzunehmen. Schwartz et al. (2013) sprechen hier auch von einem Ansatz mit geschlossenem im Gegensatz zu einem solchen mit offenem Wortschatz (closed vocabulary vs. open vocabulary approach).

---

[6] Bei Machine-Learning-Algorithmen (ML-Algorithmen) geht es meistens um die Vorhersage zweier Kategorien einer dichotomen Variablen (trifft zu, trifft nicht zu). Zwar ist die Begrifflichkeit für die Relevanz unabhängiger Variablen hier, etwa bei Entscheidungsbäumen, eine andere als bei Regressionsformeln (Informationsgehalt vs. Signifkanz), die Maßgrößen lassen sich aber ebenfalls auf die statistische Signifikanz zurückführen.

[7] Auch hier geht um die Ermittlung der Persönlichkeitsstruktur der User, nicht um ihre Meinungen und Einstellungen. Mit der Extraktion von letzteren aus Texten beschäftigt sich das opinion mining oder auch sentiment analysis (vgl. Liu et al. 2013). Diese Verfahren sehen sich dabei Problemen gegenüber wie dem richtigen Verstehen von nicht wertend formulierten Sätzen, die gleichwohl Bewertungen ausdrücken sollen, und von Ironie.

Neuman (2016, Kap. 4) schildert in seinem Buch ein von ihm entwickeltes Verfahren, das Worthäufigkeiten verwendet, den sog. vectorial semantics approach (vektorsemantisches Verfahren der Persönlichkeitsanalyse). Er vergleicht die Häufigkeiten von bestimmten Worten in interessierenden Texten mit denjenigen in einem Korpus von Texten, die von Autoren mit bekannten Big-Five-Persönlichkeitszügen stammen. Dazu hat er vorher Sets von Worten identifiziert, die mit jedem der Big Five Traits in besonderem Maße zusammenhängen, von ihren Trägern besonders häufig verwendet werden. Konkret trägt er die Worthäufigkeiten auf Koordinatenachsen ab und bildet den Vektor vom Koordinatenursprung zum Punkt, der von den Worthäufigkeiten als Achsenkoordinaten definiert wird. Der Winkel zwischen dem Worthäufigkeitsvektor eines zu untersuchenden Texts und demjenigen der Texte eines bestimmten Persönlichkeitstyps gibt nun die Nähe des Autors des zu untersuchenden Texts zum Persönlichkeitstyp des Vergleichsvektors an. Ist er 0, ist die Ähnlichkeit maximal. Ist er 90 Grad, ist die Ähnlichkeit minimal.

Neuman erstellte mithilfe des Textkorpus für jeden der fünf Big-Five-Persönlichkeitszüge einen Wortvektor und konnte damit in der Persönlichkeitsanalyse die Genauigkeit des bis dahin besten state-of-the-art-Verfahrens erreichen. Dieses Verfahren arbeitete mit zwei Lexika, d.h. Wortsammlungen („Wörterbüchern"), einem für den Grad der Spezifizität von Worten und einem, das Worte für 585 Emotionskategorien enthielt.

Im Jahre 2011 wurde eine Studie über die Vorhersage, also Ermittlung, der Persönlichkeit von Twitter-Usern anhand ihrer Tweets veröffentlicht (Golbeck et al. 2011a). Sie stammte von denselben Autoren, die die erwähnte Studie zur Persönlichkeitsanalyse anhand des Facebook-Profils durchgeführt hatten (Golbeck et al. 2011b). Die Autoren sagen darin, ihre Studie sei ihres Wissens nach die erste, die Social-Media-Texte für die Persönlichkeitsanalyse verwende. Sie gehen nach demselben Schema vor wie üblich, verteilen an die Versuchsteilnehmer – es sind 50 - einen Big-Five-Persönlichkeitsfragebogen und sammeln von ihnen gleichzeitig zu untersuchende Daten, in diesem Fall die letzten maximal 2000 der von ihnen abgesetzten Tweets. Sie fügen alle gesammelten Tweets jeder Person zu einem einzigen Dokument zusammen und analysieren es, verwenden aber auch ein paar Daten von der genuinen Tweetebene: die durchschnittliche Anzahl von Hashtags, Worten und Links pro Tweet. Von der Dokumentenebene verwenden sie zum einen die Anzahl der Interpunktionszeichen Komma, Punkt, Fragezeichen, Ausrufungszeichen und der Parenthesen, zum anderen die Anzahl einer ganzen Reihe von Wortkategorien, die sie zwei Standardwerken für die Textanalyse entnahmen, dem bereits erwähnten Linguistic Inquiry and Word Count (LIWC) und der MRC Psycholinguistic Database. Letztere enthält linguistische und psycholinguistische Eigenschaften von 150.000 Wörtern, wie z.B. ihre Bekanntheit, Konkretheit, Wichtigkeit und das Alter beim Worterwerb. Die entsprechenden Häufigkeiten pro Text bzw. Tweet verwendeten sie als unabhängige Variablen für eine Regressionsanalyse mit den Big-Five-Persönlichkeitszügen als abhängigen Variablen. Interessant ist, dass sie wie bei der geschilderten Analyse der Facebook-Likes Offenheit am besten vorhersagen (ermitteln) konnten und Neurotizismus am schlechtesten. Die Abweichung der Vorhersage der Big-Five-Traits vom wahren Wert lag bei 11-18% (mittlerer absoluter Fehler), war also relativ gut (klein), allerdings schlechter als im Falle ihrer Vorhersage durch die Attribute des Facebook-Profils, bei der sie bei allen Persönlichkeitszügen 11% betrug. Sie sagen allerdings nichts über die statistische Signifikanz der Korrelation, was vermutlich der sehr kleinen Stichprobe geschuldet ist. Die konkret gefundenen Zusammenhänge – Regressionskoeffizienten – bezeichnen sie zum Teil als „intuitiv" verständlich, etwa den negativen Zusammenhang zwischen Gewissenhaftigkeit und negativen Emotionen und ihren positiven Zusammenhang mit dem Gebrauch des Personalpronomens „Du" (gewissenhafte Personen sprechen mehr über andere oder zu ihnen). Zum Teil bezeichnen sie sie als nicht ohne weiteres verständlich, etwa den positiven Zusammenhang der Anzahl von Parenthesen mit Verträglichkeit und Offenheit. Auch hier also wieder der data driven approach, der zwar von gewissen

Vorannahmen ausgeht – verwendete Worte hängen mit der Persönlichkeitsstruktur zusammen
-, aber keine ausgearbeitete vorgängige Theorie hat und sich auch nicht besonders für eine
nachgängige Theorie interessiert (entsprechend wird auch bloß von der Existenz bzw.
Nichtexistenz einer „intuitiven" Verstehbarkeit der Ergebnisse gesprochen), Hauptsache, die
gefundenen Korrelationen erlauben eine genügend genaue Vorhersage der abhängigen
Variablen. Der praktische Zweck ist der Hauptzweck. Schwartz et al. (2013: 3) sprechen hier
auch prediction vs. insights, d.h. von der Vorhersage als Zweck im Unterschied zum
Gewinnen von Erkenntnissen.

Gou et al. (2014), vom IBM Almaden Research Center in San José, USA, verwendeten 256
Kollegen als Testpersonen, um aus ihren Antworten auf gleich drei verschiedene Fragebögen
die Geeignetheit ihrer 200 aktuellsten Twitter-Tweets zur Vorhersage ihrer Persönlichkeit,
konzeptualisiert entsprechend mittels dreier unterschiedlicher Persönlichkeitsmodelle, zu
untersuchen. Wie oben bereits erwähnt, waren das das Big-Five-Modell, die basic human
values von Shalom H. Schwartz und fundamental needs als Eigenentwicklung. Für die ersten
beiden Persönlichkeitsmodelle wurden die Tweets mit dem Linguistic Inquiry and Word
Count analysiert, für das dritte mit einem mit der Hilfe von Crowdworkern selbst
entwickelten Wörterbuch. Zumindest nahezu signifikante Zusammenhänge gab es nur bei den
basic human values, was die Autoren u.a. auf die kleine Stichprobe zurückführen. [8] Allgemein
sind die gefundenen Werte eines Korrelationsmaßes zwischen vorhergesagten und
gemessenen Persönlichkeitsdimensionen für alle drei Modelle nur niedrig. Zur Vorhersage
verwendet wurde ein lineares Regressionsmodell (Yang et al. 2013). Da kein mittlerer
absoluter Fehler angegeben wird, können die Ergebnisse nicht mit denjenigen von Golbeck et
al. (2011a) verglichen werden, deren Stichprobe im Übrigen noch wesentlich kleiner war.
Interessanterweise fragten Gou et al. ihre Testpersonen zum einen auch danach, wie sie selbst
mit den für sie vorhergesagten Persönlichkeitsausprägungen zufrieden waren – im Mittel gab
es hier bei allen drei Persönlichkeitsmodellen etwas mehr als eine Drei auf einer Skala von
eins bis fünf. Zum anderen fragten sie sie danach, unter welchen Bedingungen sie mit der
Weitergabe ihrer Persönlichkeitstestergebnisse einverstanden wären und a wen, und welche
Chancen und Risiken sie von einer solchen Offenlegung erwarteten. Zwar waren die
Befragten natürlich der Auffassung, dass Informationen über ihre Persönlichkeit sehr intime
Informationen seien und die Gefahr bestünde, nach der Offenlegung ihrer Persönlichkeitszüge
Vorurteilen anderer Personen ausgesetzt zu sein, dennoch erwähnten fast die Hälfte als
Vorteil ihrer Offenlegung, dass ein besseres gegenseitiges Verständnis, bessere

---

[8] Hier und noch mehr in den weiter oben vorgestellten Studien, die noch kleinere Stichproben haben, wenn auch
vielleicht weniger verzerrte, (IBM-Mitarbeiter dürften insbesondere bzgl. Einkommen, Bildung und Ausbildung
deutlich nicht bevölkerungsrepräsentativ sein) kommt der Hang von Psychologen zu sehr kleinen Stichproben
zum Ausdruck. Dahinter steht die Auffassung, dass die Gehirne von gesunden Menschen in ihrer Funktionsweise
gleich seien, also eine naturwissenschaftliche Sichtweise der hier involvierten psychischen Prozesse. Ein
Fragebogen besteht jedoch nicht aus Reizen im naturwissenschaftlichen Sinne, sondern aus semantischen
Einheiten. Bedeutungen, die Menschen den Inhalten verleihen, die sie aus Texten herauslesen, sind mit ihren
Werten und Weltsichten verknüpft. Diese wiederum sind abhängig von Sozialisation, Gruppenzugehörigkeit und
persönlicher Lebenslage, variieren also. Auf Grundlage der Daten einer solch kleinen, nichtrepräsentativen
Stichprobe allgemeingültige Zusammenhänge berechnen zu wollen, ist daher prinzipiell fragwürdig. Auch wenn
es hier um praktische Anwendbarkeit geht, nicht um die Erforschung oder Generierung von Aussagen über
empirische oder theoretische Zusammenhänge, sollte statistische Signifikanz gegeben sein. Da man die
genannten Einflussfaktoren bei der automatisierten Persönlichkeitsanalyse im allgemeinen nicht durch Variablen
wie Geschlecht, Alter, Bildung, Einkommen, Nationalität, Kultur operationalisieren kann, da sie von den zu
analysierenden Personen schlicht nicht bekannt sind, sollte die Stichprobe, die zur Entwicklung der Formel oder
des Algorithmus verwendet wird, zumindest genug Varianz in diesen Variablen besitzen, um eine
verallgemeinerbare Formel zu erhalten. So, wie es bei der sehr großen Stichprobe der Fall sein dürfte, die
Kosinski und Stillwell für die Analyse der Facebook-Likes verwenden. Bei psychologischen Studien mit kleinen
Stichproben sind Verallgemeinerungen der Ergebnisse allenfalls durch Metaanalysen einer Vielzahl von Studien
mit einer insgesamt möglichst großen Bandbreite untersuchter Personengruppen möglich. (Das ist die bekannte
Kritik am Psychologismus und seiner untersozialisierten Sicht.)

Kommunikation und Zusammenarbeit sowie eine bessere Motivierung der anderen und Eingehen auf sie möglich seien. Zugleich sollten Methode und einbezogene Persönlichkeitszüge genau erklärt und auch über mögliche Schwächen der Methode aufgeklärt werden, um falschen Interpretationen vorzubeugen. Umfang und Art der offengelegten Informationen und der für die Persönlichkeitsermittlung verwendeten Daten sowie die Personen, die die Informationen erhalten, sollten durch die Personen, um deren Persönlichkeitsinformationen es geht, selbst bestimmt werden können. Auch sollte es ihnen möglich sein, sich zu den Analyseergebnissen zu äußern und sie ggf. zu korrigieren. Die Autoren stellen explizit die Frage, wie mit unterschiedlichen Analyseergebnissen für ein und dieselbe Person umzugehen sei, die durch die Verwendung unterschiedlicher Datenquellen entstanden seien (etwa Twitter- im Vergleich zu Facebook-Textdaten), und schlagen hier ein Zusammenwirken von Analysesystem und Nutzerinput vor, um Widersprüche zu beseitigen. Schwartz et al. (2013) verwenden Facebook-Status-Updates für die Analyse. Zur Autorengruppe gehören auch Kosinski und Stillwell, entsprechend stammen alle der knapp 75.000 einbezogenen Testpersonen aus dem großen Pool der myPersonality-App-Teilnehmer. Verwendet wurden die Daten von Personen mit Englisch als Muttersprache, mindestens 1000 Worten in ihren Facebook-Status-Updates, einem Alter von unter 65 Jahren, mit Alters- und Geschlechtsangabe, die einen der 20 bis 100 Items umfassenden Big-Five-Persönlichkeitstests der App durchgeführt haben. Sie führten eine Analyse mit offenem Wortschatz durch und parallel eine mit den Wortkategorien des LIWC (geschlossener Wortschatz) und erhielten als Ergebnis, dass ein offener Wortschatz die Persönlichkeit der Testpersonen etwas besser vorhersagen konnte als das LIWC. Die Quadratwurzeln der von ihnen für die einzelnen Big-Five-Persönlichkeitszüge als abhängige Variablen erhaltenen Determinationskoeffizienten (welche die Korrelationskoeffizienten zwischen den wahren und den vorhergesagten Persönlichkeitsdimensionen darstellen) liegen zwischen 0,3 und gut 0,4 und damit laut den Autoren in demselben Wertebereich, der bei der Vorhersage von Persönlichkeitsdimensionen aus Verhalten mittels Korrelationen maximal erreichbar ist. Auch sie konnten Offenheit am besten und Neurotizismus am schlechtesten vorhersagen (zusammen mit Gewissenhaftigkeit).

Die vierte, erst seit kurzem und bisher letzte verwendete Datenart sind Bilder vom neben Twitter und Facebook dritten der großen sozialen Netzwerke, Instagram. Eine Studie aus dem Jahre 2016 (Ferwerda et al.) untersucht den Zusammenhang der Farbwerte der Bilder mit der Persönlichkeit ihrer Besitzer. Instagram-User können ihre hochgeladenen Bilder mit Filtern versehen und so auch ihren Farbwert ändern. Die Farbe der Bilder ist also von den Besitzern manipulierbar. Für die Analyse wurden zum einen die Farbwerte nach dem HSV-Farbmodell verwendet, weil dieses Modell dem menschlichen visuellen System am ähnlichsten sei. Dabei steht H für Farbton (engl. hue), S für Sättigung (engl. saturation) – damit ist der Farb-gegenüber dem Weißanteil gemeint - und V für Helligkeit (engl. value). Zum anderen wurde die über die Werte von V und S definierte PAD-Kategorisierung der Bilder (Pleasure, Arousal, Dominance, (Freude, Spannung, Dominanz)) verwendet sowie, als inhaltliche Eigenschaften, die Anzahl der menschlichen Gesichter und der menschlichen Vollfiguren. Von allen diesen Bildeigenschaften wurde der Mittelwert über alle Bilder eines Users berechnet und dann für die Analyse verwendet. Es wurden über 22.000 Bilder von insgesamt 113 Testpersonen einbezogen, welche einen Big-Five-Persönlichkeitsfragebogen ausgefüllt hatten. Aus den Korrelationen der mittleren Farb- und inhaltlichen Eigenschaften der Bilder und der Big-Five-Persönlichkeitszüge ihrer Besitzer ergaben sich zum Teil unmittelbar einleuchtende Zusammenhänge, zum Teil aber auch nicht. Zum Beispiel ergab sich folgendes: offene Personen haben Bilder in ihrem Instagram-Account, die im Mittel eher Grüntöne und kalte Farbtöne haben, dunkler und farbgesättigter sind und weniger Gesichter und Personen zeigen. Verträgliche Personen haben Bilder, die weniger dunkel und zugleich weniger hell sind (also bzgl. ihrer Helligkeit weniger Extremwerte haben). Neurotische Personen haben hellere

Bilder. Man sieht, dass diese Ergebnisse nur zum Teil direkt einleuchten. Am verständlichsten sind noch die Zusammenhänge mit den PAD-Kategorien: die Bilder offener Personen drücken weniger Freude, dafür mehr Spannung und Dominanz aus, die Bilder geselliger Personen wenig Freude, aber viel Dominanz, diejenigen neurotischer Personen mehr Freude und weniger Dominanz. Die eigentliche Analyse wurde mittels Regressionsanalysen durchgeführt. Es wurden drei verschiedene Regressionsverfahren mit jeweils 10-facher Kreuzvalidierung angewandt. Wie schon in vielen der oben genannten Studien, die Facebook-Likes und Textdaten verwendeten, konnte Offenheit am besten vorhergesagt werden und Neurotizismus am schlechtesten. Die Wurzel der mittleren quadratischen Abweichung der vorhergesagten von den realen Werten ist für alle fünf Persönlichkeitszüge kleiner oder nur wenig größer als bei Quercia et al. (2011), was also ebenfalls guten Werten entspricht.

Laut den Autoren der Studie ist sie die erste, die Instagram-Bilder für die Persönlichkeitsanalyse verwendet. Sie unterscheidet sich von den bisher aufgeführten Studien darin, dass sich die Autoren bzgl. der Geeignetheit der von ihnen verwendeten Daten – Farbwerten - für die Persönlichkeitsanalyse auf einen bereits existierenden theoretischen und empirischen Ansatz beziehen (s.S.853).

Zusammenfassend kann man sagen, dass es viel versprechende Ansätze für die automatische Persönlichkeitsermittlung gibt. Es werden dazu zu anderen Zwecken anfallende online- und Mobilfunknutzungs- (Meta-) Daten verwendet. Nur im Falle der Nutzung von Smartphone-Aktivitäts-Logs wurden die verwendeten Daten extra für den Zweck der Persönlichkeitsermittlung gesammelt, mittels einer speziellen Software. Aufgrund der außer bei den Facebook-Likes und -Status-Updates kleinen bis sehr kleinen Stichproben kann man die Verfahren allerdings noch nicht als ausgereift bezeichnen. Die bisherigen Ergebnisse sind, wiederum außer bei den Facebook-Likes und –Status-Updates, fast nie signifikant, die Verbesserung der Vorhersage durch die berechneten Formeln und gefunden Algorithmen sind dennoch erkennbar, aufgrund der unterschiedlichen verwendeten Maße aber schlecht miteinander vergleichbar. Zum Teil werden Kategorisierungen der kontinuierlichen Big-Five-Dimensionen verwendet (niedrig, mittel, hoch), zum Teil numerische Werte. Wenn die Korrektheit der Einordnung in Kategorien (Klassifizierung) zwischen 66% und 75% beträgt, ist das für kommerzielle und Wahlwerbung wohl eine interessante Effektivitätssteigerung (die Baseline beträgt dabei nicht immer 50%, sondern kann auch darüber liegen), ist für die Anpassung von Webseiten, Services und, als wirkmächtigste Anwendung, virtuellen Agenten und Robotern aber nur dann ausreichend, wenn der Kontakt zu ihnen nicht zu intensiv ist. Geht es etwa um einen Haushaltsroboter oder einen oft genutzten virtuellen Agenten, dürfte es nicht ausreichen, wenn lediglich zwei von drei oder vier von fünf Personen richtig klassifiziert werden. Was zum anderen im kontinuierlichen Falle ein durchschnittlicher Fehler von 10% bis 20% bedeutet, ist schwerer einzuschätzen. Es kommt auf die jeweilige Art und Weise an, in der man mittels dieser Werte die betreffende Anwendung gestaltet. Da mittlerweile alle der hier verwendeten online-Nutzungsdaten (Facebook-Likes, Twitter-Tweets, Facebook-Status-Updates, Instagram-Bilder) nicht mehr frei zugänglich sind, sondern nur noch nach ausdrücklicher Genehmigung durch die betroffenen User, stellt sich die Frage nach dem praktischen Nutzen der vorgestellten Ansätze. Die einzig gangbare Möglichkeit, massenhaft User-Genehmigungen für den Zugriff auf diese Daten zu erhalten, geht zurzeit über Facebook- oder andere Apps, bei deren Nutzung die User den App-Besitzern diese Genehmigung erteilen. So war es auch bei Stillwells myPersonality-App, die eine wohl einmalige Resonanz erhalten hat. Über den Weg der App-Registrierung von Usern Zugriff auf für die Persönlichkeitsermittlung verwendbare Daten eines genügend großen Teil einer Bevölkerung und damit auch der Weltbevölkerung zu bekommen, erscheint jedoch als schwierig bzw. unmöglich. Somit handelt es sich bei diesen Ansätzen um das Aufzeigen der prinzipiellen Möglichkeit einer automatisierten Persönlichkeitsermittlung mittels solcher

Daten. Wollen User die im Folgenden dargelegten Vorteile der automatisierten Ermittlung ihrer Persönlichkeit nutzen, müssen sie ihre Daten explizit dafür freigeben. Oder es werden noch nicht geschützte online-Daten gefunden, die sich für eine Persönlichkeitsanalyse ohne Wissen und Zustimmung der Betroffenen eignen. So wie die Bonitätsprüfung mittels geeigneter Algorithmen, sollte aber auch die automatisierte Persönlichkeitsermittlung vom Gesetzgeber geregelt werden, um Missbrauch zu verhindern (siehe die unten aufgeführten Nachteile).

Nach dieser Rundschau über die vorhandenen Methoden für die automatisierte Persönlichkeitsermittlung möchte ich nun auf die in den Studien und an anderen Stellen genannten Ziele eingehen, denen letztere dienen soll.
Die am häufigsten genannte Kategorie von Zielen ist das Anpassen von Diensten und Services an die User- bzw. Käuferpersönlichkeit, d.h. ihr Zuschneiden auf diese, (Customizing) etwa der Farbe des Smartphone-Bildschirms oder des Erscheinungsbilds einer Webseite, sowie natürlich aller Arten von Botschaften, die von Unternehmen zum Zwecke der Kaufanbahnung oder von Parteien zum Zwecke der Wahlwerbung versandt werden. Letzteres wird auch Micro-Targeting genannt, welches auf der Annahme basiert, dass soziodemographische Merkmale nur ein Proxy für Einstellungen und persönliche Situation von Personen sind. Mit Psychographie soll nun zum einen die Persönlichkeit der Menschen angesprochen werden, nicht, wie bisher, ihre (angenommenen) Meinungen, und zum anderen soll dies auf Basis von Erkenntnissen über die einzelne Person selbst geschehen, nicht nur über Merkmale von Personengruppen, denen sie angehört und deren aggregierte Merkmale auf sie nur mehr oder weniger zutreffen, aber nicht unbedingt genau. Eine Erhöhung der Effektivität von Werbung und Marketing und die Anpassung an den Bedeutungsverlust von großen Massenmedien sowie an die stärker fragmentierte Medienlandschaft und stärker segmentierten Publika sollen dadurch erreicht werden können (Agan 2007), in Form von Emails, Postsendungen (sog. Direktmarketing), Ansprache an der Haustür (bei politischen Wahlen). Z.B. können schon Interfaces wie social media websites und e-commerce websites an die Persönlichkeit des einzelnen Users angepasst werden (preferences for interaction styles in the digital world, Quercia et al. 2011: 1, web site morphing, dies., p.6; „Knowing the users' personality can be a strategic advantage for the design of adaptive and personalized user interfaces." Oliveira et al. 2011: 2191), gemäß dem similarity-attraction-law, dem psychologischen Gesetz, dass Ähnlichkeit anziehend wirkt (Reeves et al. 1996: 90, Vinciarelli 2014). Auch die Werbung, die auf den Websites erscheint, kann an die User-Persönlichkeit angepasst werden, ebenso können von den für ein Produkt verfügbaren Kundenrezensionen diejenigen nach oben gestellt werden, die von Usern verfasst wurden, die eine ähnliche Persönlichkeit besitzen. Ferner gehören auch Empfehlungsdienste zu den (kostenfreien) Services, die an der User-Persönlichkeit ausgerichtet werden können, nicht nur, wie bisher, an persönlichkeitsunabhängigen Zusammenhängen. Genannt werden z.B. die Twitter-Freundschaftsempfehlungen. (Golbeck et al. 2011, p.6) Ein bekannter Empfehlungsdienst (engl.: recommender system) ist auch der Vorschlagsservice von Amazon (https://de.wikipedia.org/wiki/Empfehlungsdienst, abgerufen am 24.09.2017): „Nutzer, die dieses Produkt kauften, kauften auch …". In Zukunft könnte es heißen: „Nutzer, die dieses Produkt kauften und eine ähnliche Persönlichkeitsstruktur haben wie Sie, kauften auch …".
Vorgeschlagen wird auch die Anpassung z.B. einer Smartphone-App, die den User dauerhaft zu aktivem physischen Verhalten animieren soll (Sport) und ihm zu diesem Zweck zum einen eine Liste von Spielen vorlegt, die seiner Persönlichkeit entsprechen, und ihn zum anderen auch durch gesprochene Sätze motivieren soll (Anpassung der gesprochenen Sätze an die Userpersönlichkeit) (Oliveira et al. 2011: 2193).
Allgemein gesehen brauchen Personen keinen langen Fragebogen mehr auszufüllen, um ihre Persönlichkeit einschätzen oder analysieren zu lassen. Dies schafft neue Möglichkeiten für die

psychologische Forschung (Kosinski et al. 2013: 4), z.B. Persönlichkeitsdaten sammeln zu können, ohne den betreffenden Personen erst lange Fragebögen vorlegen zu müssen (Youyou et al. 2015: 4), auch für die Forschung auf Länderebene – psychologische Klassifizierung ganzer Bevölkerungen -, also auch sozialwissenschaftliche relevante Forschung (Monjoye et al. 2013). Und es ermöglicht die Ferndiagnose von psychischen Störungen und Krankheiten zu medizinischen Zwecken (Kosinski et al. 2013: 4)

Ein weiteres Ziel ist die Anpassung von virtuellen Agenten und Robotern (etwa auch Haushalts- und Servicerobotern, die z.B. ständig die Befindlichkeit ihres Besitzers scannen und darauf sozial reagieren) an die Persönlichkeit ihres menschlichen Interaktionspartners. Hier ist natürlich die Frage, ob es nicht bald direktere Verfahren zur Registrierung der Persönlichkeit und auch der aktuellen Stimmung von menschlichen Interaktionspartnern geben wird, nämlich auf der Grundlage von Stimm- und Videoaufnahmen, die der Agent ständig vom Menschen macht und analysiert (Stimm- und Spracheigenschaften, die auf Stress oder Gelassenheit schließen lassen, Gesprochenes (auch Selbstgespräche), Gesichtsausdruck, Bewegungen), so wie der Terminator im gleichnamigen Film, dessen Gesichtsfeld einer Augmented-Reality-Brille gleicht, die alles, was ins Sichtfeld kommt, analysiert und mit Kommentaren und Frames versieht (für Menschen: Google Glass etc.). Sogar von Robotern als Lebenspartner wird gesprochen, die aufgrund ihrer Analysekapazitäten ein tieferes Verständnis der Persönlichkeit von Menschen haben können als menschliche Partner. (Youyou et al. 2015: 4). Auch hier kommt das law of similarity attraction zum Einsatz, nehmen Agenten also eine ähnliche Persönlichkeit an wie die ihrer menschlichen Interaktionspartner. Eine solche Sensibilität von Robotern, die Menschen vielleicht gerade auch dann beobachten können, wenn ein Roboter mit mehreren, gleichzeitig anwesenden Personen interagiert und dabei auf die Persönlichkeit von jedem individuell eingeht, wird die Wahrnehmung von Robotern als zu einer „new ontological category" gehörenden Wesen (zwischen Mensch und Maschine stehend, mit zum Teil menschlichen Zügen) (Kahn et al. 2011, Kahn et al. 2012) noch verstärken.

Außerdem werden genannt:
- Entdeckung von möglichen „school shooters" - amoklaufenden Schülern in den USA - und allgemein von pathologischen Persönlichkeiten, die evtl. Anschläge verüben könnten (Neuman 2016: 45ff.). Wohlgemerkt, dies alles noch völlig unabhängig von konkreten Meinungen und Überzeugungen, allein durch die psychologischen Persönlichkeitsmerkmale.
- Bessere Bewerberauswahl durch Unternehmen (Youyou et al. 2015: 4)
- Die Menschen könnten sich in der Zukunft mehr auf die automatisierte Persönlichkeitsdiagnose verlassen als auf eigenes und fremdes menschliches Urteil und die Wahl ihrer Aktivitäten, ihres beruflichen Wegs und sogar ihrer romantischen Partner an ihr ausrichten. (Youyou et al. 2015: 4)
- Realisierung eines Cyber-I, d.h. eines vollständigen, aktiv vom gedoppelten Individuum erzeugten data double (Lyon 2015: 83), wofür auch die korrekte Abbildung der Userpersönlichkeit notwendig ist (Wen et al. 2009, Guo 2016).

Als Nachteile der automatisierten Persönlichkeitsermittlung werden genannt:
- Menschen werden manipulierbar und beeinflussbar, wenn ihre Persönlichkeitszüge bekannt sind (Youyou et al. 2015: 4). Ich meine, dass insbesondere die Beeinflussbarkeit der Präferenzen der Menschen (für Produkte und Dienstleistungen, für Politiker) durch nicht-argumentative Faktoren und den Argumentkontext zunimmt, also durch die Art der Formulierung der Argumente und ihre sonstige Präsentation (Art und Gestaltung des Kommunikationsmediums). Wenn man weiß, was jemand als angenehm empfindet und was

nicht und welche Schwachpunkte er hat, kann man dies bei seiner Ansprache berücksichtigen und so seine Akzeptanz positiv beeinflussen, über seine Emotionen, nicht über den Verstand.
- Unternehmen und Regierungen können intimes Wissen über eine große Menge von Personen erlangen, obwohl diese der Datenanalyse nicht zugestimmt haben und es nicht einmal bemerken, d.h. nicht einmal wissen, dass ihre Daten auf solch eine Weise analysiert werden und dieses Wissen über sie produziert wird (Kosinski et al. 2013: 4).
- Risiko von Fehlschlüssen über einzelne Personen (wie etwa auch beim Schluß auf geringe Bonität, geringe Intelligenz, schlechte Gesundheitsprognose) (Kosinski et al. 2013: 4). Dies ist aufgrund des stochastischen Charakters der angewandten Formeln nicht zu vermeiden (Streuung).
- Auftreten von social sorting. Menschen werden in Kategorien gesteckt und als Folge davon diskriminiert. Ihnen werden bestimmte Chancen von vorneherein nicht mehr eröffnet, etwa Kaufangebote, Kreditangebote, Jobangebote, und was, wenn es irgendwann einmal Rechte sind, die ihnen nicht mehr zugesprochen werden, oder staatliche Maßnahmen, die auf sie entweder angewandt werden oder gerade nicht. (Lyon 2015: 25f.)
- Allgemein Verletzung von Persönlichkeitsrechten und Privatsphäre, und dies auch durch Analyse von scheinbar darüber nichts aussagenden Daten und Metadaten, die User bei ihrer Nutzung von z.B. sozialen Medien oder Mobilfunk hinterlassen, im Fall von Twitter etwa die Anzahl der Follower, Anzahl der User, denen man folgt, Anzahl der User, die einen zu ihrer Reading List hinzugefügt haben (Quercia et al. 2011).

Als Fazit lässt sich also sagen, dass das Feld der Persönlichkeitsermittlung aus online- und Mobilfunknutzungsdaten (Big Data) per Computerprogramm noch ein junges Forschung- und Entwicklungsfeld ist, dass es vielversprechende Ansätze und sogar mindestens ein ausgereiftes Verfahren gibt (Facebook-Likes). Diese Verfahren beruhen immer darauf, dass man einen Eichkorpus von Daten inkl. Big-Five-Persönlichkeitszügen hat, deren Zusammenhänge zwischen Daten und Persönlichkeit man auf die Untersuchungsdaten überträgt (statistischer Schluß, Analogieschluß). Nach der letzten US-Wahl zunächst kolportierte Aussagen von Cambridge Analytica über ihren Erfolg bei der Wähleransprache aufgrund psychographischer Analysen mussten vom Unternehmen wieder zurückgenommen werden. Von Adresshändlern werden psychographische Merkmale als in ihren Adressen vorhanden angepriesen (Christl 2014: 54, 56), welche das genau sind und wie man zu ihnen gekommen ist, ist nicht leicht zu ermitteln. Aufgrund der Verfügbarkeit von Big Data über User insbesondere in den USA – aufgrund des dort viel niedrigeren Datenschutzes – ist aber nicht davon auszugehen, dass aufgehört wird, sie unter Persönlichkeitsgesichtspunkten zu erforschen. Hinzu kommt die ebenfalls automatisierte Meinungsanalyse (opinion mining, sentiment analysis) aus in Netzforen und als Bewertungen hinterlassenen Texten, für die es schon ein paar Jahre länger Verfahren und Forschungsanstrengungen gibt. Grundlage dafür, solche Verfahren auf User anwenden zu können, sind immer Gesetze, die dies erlauben. Im Falle der Bonitätseinschätzung gibt es z.B. in Deutschland eine explizite gesetzliche Vorschrift, die besagt, dass jede Person eine solche Wahrscheinlichkeitseinschätzung eines besimmten zukünftigen Verhaltens über sich zum Zwecke der Vertragsanbahnung oder – nichtanbahnung ergehen lassen muß (Christl 2014: 55). Sofern es bei den gegenwärtigen Zielsetzungen der Verfahren bleibt – wirtschaftliche sowie werbungs-, auch wahlwerbungs-, bezogenen – ist nicht von einer einschneidenden Wirkung auf das Leben der Menschen auszugehen. Sollten solche Ergebnisse jedoch missbraucht werden, von politischen oder wirtschaftlichen Akteuren, und Menschen über die genannten Aspekte hinaus aufgrund ihrer in Schubladen gesteckt werden, besteht natürlich die Gefahr, dass sie in ihrer Informationssuche und Wahlfreiheit beeinträchtigt und sogar ihre Bürgerrechte beschnitten werden. Der Philosoph Platon hat eine Gesellschaft entworfen, in der die Philosophenkönige erkennen, zu welchem Beruf, welcher gesellschaftlichen Tätigkeit der Einzelne am besten geeignet ist, und zugleich die Macht haben, den einzelnen dazu zu zwingen, unabhängig von seinen eigenen Vorstellungen, diesen Beruf zu ergreifen – weil es „das Beste" für das Ganze, die Gesellschaft, ist. Auch wenn es nicht vorstellbar ist, dass eine solche Bewertung in Zukunft über von Unternehmen gesammelte Massendaten vorgenommen wird, sollte man hier zumindest aufpassen, dass nicht eine solche Tendenz durch die Zusammenarbeit von staatlichen Stellen und Daten sammelnden Wirtschaftsunternehmen entsteht. Von geplantem Missbrauch und vom Gebrauch durch diktatorische Regime zum Machterhalt sehe ich jetzt einmal ab.

Kommen wir nun zur soziologischen Bewertung der automatisierten Persönlichkeitsanalyse unter der Bedingung ihres massenhaften Einsatzes, den es zurzeit noch nicht gibt.
Vielleicht wird eine Folge die Existenz einer Persönlichkeitsblase (personality bubble) um jeden Internetuser herum sein, die dazu führt, dass man sich in der virtuellen Welt, in der alle Agenten auf einen eingehen, wohler fühlt als in der realen, in der man auf Menschen trifft, die nicht zu einem passen. Dieser Begriff ist analog zu dem der Filterblase (filter bubble) gefaßt (Präsentation von auf die Person zugeschnittenen, d.h. in diesem Sinne personalisierten, Inhalten durch Suchmaschinen und andere virtuelle Agenten). Vielleicht werden darüber hinausgehend zunehmend auch gekaufte Produkte und Dienstleistungen auf die Käuferpersönlichkeit zugeschnitten. Voraussetzung für beides ist, dass die Programme der Agenten und der Produzenten der Produkte und Dienstleistungen Zugriff auf die Ergebnisse automatisierter Persönlichkeitsermittlung haben. Während sich die filter bubble auf von virtuellen Agenten ausgewählte Inhalte bezieht und die echo chamber auf den Bezug von Nachrichten ausschließlich von solchen Internetseiten, die dieselben Meinungen und Überzeugungen vertreten wie man selbst, (Flaxman et al. 2016) betrifft die Persönlichkeitsblase die eigene psychologische Persönlichkeit, auf die alles abgestimmt wird, was einem im Netz und durch es vermittelt (Kauf von Produkten und Dienstleistungen) zustößt, begegnet.
Analog zur von Weingart (1989: 189) angeführten Kontingentsetzung von Erwartungs- und Verhaltenshorizonten als Folge der Wahrnehmung neuer Technik, also von technischem Fortschritt, (Erwartungen an das technisch Mögliche) könnte man Anthony Giddens' Position, die Menschen müssten heute ständig damit rechnen, dass jeder Aspekt ihrer Welt durch die Wissenschaften möglicherweise als anders erkannt werde, als er bisher erschienen war, eventuell als (permanente, im Unterschied zu Weingarts punktuell gemeinte und insofern nicht ganz zutreffende) Kontingentsetzung von Gewissheitshorizonten durch die moderne Wissenschaft formulieren. In „The consequences of modernity" (Giddens 1992: 40): "No knowledge under conditions of modernity is knowledge in the "old" sense, where "to know" is to be certain. This applies equally to the natural and the social sciences." (auch S.39 unten ist einschlägig) Das Witzige ist also, dass durch die modernen Wissenschaften nicht etwa ein Bewusstsein vom Besitz eines nun aber endlich richtigen Wissens jenseits von Glaube und Aberglaube geschaffen wird, sondern im Gegenteil ein Bewusstsein davon, dass jeder Wirklichkeitsbereich ständig hinsichtlich seiner wahren Beschaffenheit auf dem Prüfstand steht und sich das Wissen über ihn daher potentiell in jedem Augenblick ändern, das bisherige Wissen über ihn mehr oder weniger obsolet werden kann (Vorläufigkeitscharakter modernen, wissenschaftlichen Wissens).
In Bezug auf die Persönlichkeitsermittlung mittels digitaler Daten betrifft die Ungewissheit von Wissen, die durch sie offenbar wird, zum einen den Umstand, dass etwas, was bisher weitgehend unanalysiert, zumindest nur durch größeren Aufwand (wenigstens Fragebogenbeantwortung) analysierbar war – die Persönlichkeit von jedem -, nun massenhaft und schnell, ohne Zutun der Subjekte, analysiert werden kann, zum zweiten die Möglichkeit, dass die eigene Persönlichkeit von den Algorithmen anders eingeschätzt wird als von einem selbst, zum dritten die Möglichkeit, dass die eigene Persönlichkeit von verschiedenen

Algorithmen und auf Grundlage unterschiedlicher Daten unterschiedlich klassifiziert wird und zum vierten die Möglichkeit, dass in der Zukunft ein anderes Persönlichkeitsmodell oder ein verändertes Big-Five-Modell als zutreffender erkannt wird, und sich daher die Klassifizierung der eigenen Persönlichkeit ändert. In letzterem Fall, aber auch im Fall einer Vielheit von jeweils unterschiedlich klassifizierenden Algorithmen bzw. Untersuchungsdaten, müssten die Individuen ihr Bild von sich bzw. ggf. von der Differenz zwischen dem automatisiert erstellten Persönlichkeitsbild und dem Bild, das sie sich selbst von sich gemacht haben, womöglich erneut revidieren. Dies trifft allerdings auch auf die dritten Parteien zu, die die massenhafte Persönlichkeitsermittlung durchführen und sich von davon geschäftlichen oder politischen Nutzen erhoffen. Auch sie müssen sich bei Wechsel des verwendeten Algorithmus, der verwendeten Datenbasis oder des verwendeten Persönlichkeitsmodells ggf. die Falschheit ihrer früheren analysebasierten Aktionen eingestehen und sich insbesondere bei Wechsel des Persönlichkeitsmodells neue Strategien für die Ansprache der nun neuen existierenden Persönlichkeitstypen einfallen lassen.

Man muß allerdings sagen, dass das Big-Five-Modell laut der Studien, die es für die Persönlichkeitsanalyse verwenden, in hohem Maße auch extern validiert ist, d.h. über seine Zusammenhänge mit anderen Einstellungen und Verhaltensweisen. Dazu gehören Arbeitszufriedenheit, Leistung im Beruf, berufliche Position, Wahl persönlicher Beziehungen, politische Präferenzen und bestimmte Konsumpräferenzen (Golbeck et al. 2011b).

Insofern sieht es zurzeit danach aus, als ob zumindest das verwendete Persönlichkeitsmodell auf absehbare Zeit dasselbe bleiben wird.

Literaturverzeichnis

Agan, Tom, Silent Marketing: Micro-targeting, A Penn, Schoen and Berland Associates White Paper, 2007

Anonymous, What Type of Web Data Can You Collect From Facebook, auf: BrightPlanet.com, 17.06.2016, https://brightplanet.com/2016/06/type-web-data-can-collect-facebook/

Beuth, Patrick, Die Luftpumpen von Cambridge Analytica, in: ZEIT ONLINE, 07.03.2017

Chittaranjan, Gokul, Jan Blom, Daniel Gatica-Perez, Who's Who with Big-Five: Analyzing and Classifying Personality Traits with Smartphones, in: ISWC '11 Proceedings of the 2011 15th Annual International Symposium on Wearable Computers, S.29-36

Christl, Wolfie, Kommerzielle digitale Überwachung im Alltag, Studie im Auftrag der Bundesarbeitskammer, Wien, 2014

Confessore, Nicholas, Danny Hakim, Data Firm Says 'Secret Sauce' Aided Trump; Many Scoff, in: The New York Times, 06.03.2017

Dodge, Martin, Robin Kitchin, 'Outlines of a World Coming Into Existence': Pervasive Computing and the Ethics of Forgetting, in: Environment and Planning B: Planning and Design 2007, Bd.34, S.431-445

Dourish, Paul, Algorithms and Their Others: Algorithmic Culture in Context, in: Big Data & Society, 2016, Bd.3, Nr.2, S.1–11

Ferwerda, Bruce, Markus Schedl, Marko Tkalcic, Using Instagram Picture Features to Predict Users' Personality, in: Q. Tian et al. (Eds.): MMM 2016, Part I, Springer International Publishing Switzerland 2016, S.850–861

Flaxman, Seth, Sharad Goel, Justin M. Rao, Filter Bubbles, Echo Chambers, and Online News Consumption, in: Public Opinion Quarterly, Bd.80, Special Issue, 2016, S.298-320

Giddens, Anthony, The Consequences of Modernity, Cambridge: Polity Press, 1990

Golbeck, Jennifer, Predicting Personality from Social Media Text, in: Transactions on Replication Research, 2016, Bd.2, S.1-10

Golbeck, Jennifer, Cristina Robles, Michon Edmondson, Karen Turner, Predicting Personality from Twitter, in: 2011 IEEE International Conference on Privacy, Security, Risk, and Trust, and IEEE International Conference on Social Computing, 2011a, S.149-156

Golbeck, Jennifer, Cristina Robles, Karen Turner, Predicting Personality with Social Media, in: CHI '11 Extended Abstracts on Human Factors in Computing Systems, 2011b, S.253-262

Gou, Liang, Michelle X. Zhou, Huahai Yang, KnowMe and ShareMe: Understanding Automatically Discovered Personality Traits from Social Media and User Sharing Preferences, in: CHI '14 Proceedings of the SIGCHI Conference on Human Factors in Computing Systems, 2014, S.955-964

Grassegger, Hannes, Mikael Krogerus, Ich habe nur gezeigt, dass es die Bombe gibt, in: Das Magazin N°48, 3. Dezember 2016, www.dasmagazin.ch

Guo, Ao, A Smartphone-based System for Personal Data Management and Personality Analysis, 2016, heruntergeladen von
http://repo.lib.hosei.ac.jp/bitstream/10114/12207/1/13t2007.pdf

Hartlmaier, Benjamin, Roman Leipold, Die geheime Macht der Daten, in: Chip 04/2017, S.34-38

Kahn Jr., Peter H., Takayuki Kanda, Hiroshi Ishiguro, Brian T. Gill, Jolina H. Ruckert, Solace Shen, Heather E. Gary, Aimee L. Reichert, Nathan G. Freier, Rachel L. Severson, Do People Hold a Humanoid Robot Morally Accountable for the Harm It Causes?, in: 2012 7th ACM/IEEE International Conference on Human-Robot Interaction (HRI 2012), 2012, S.33-40

Kahn Jr., Peter H., Aimee L. Reichert, Heather E. Gary, Takayuki Kanda, Hiroshi Ishiguro, Solace Shen, Jolina H. Ruckert, Brian Gill, The New Ontological Category Hypothesis in HumanRobot Interaction, in: 2011 6th ACM/IEEE International Conference on Human-Robot Interaction (HRI 2011), 2011, S.159-160

Kosinski, Michal, David Stillwell, Thore Graepel, Private Traits and Attributes Are Predictable from Digital Records of Human Behavior, in: Proceedings of the National Academy of Sciences of the United States of America, 2013, Bd.110, Nr.15, S.5802-5805

Lapowsky, Issie, A Lot of People Are Saying Trump's New Data Team Is Shady, in: Wired, 15.08.2016, www.wired.com

Liu, Bing, Lei Zhang, A Survey of Opinion Mining and Sentiment Analysis, in: Charu C. Aggarwal, ChengXiang Zhai, Mining Text Data, Springer: Boston, MA, 2013, S.415-463

Lyon, David, Surveillance after Snowden, Cambridge: Polity Press, 2015

Montjoye, Yves-Alexandre de, Jordi Quoidbach, Florent Robic, and Alex (Sandy) Pentland, Predicting Personality Using Novel Mobile Phone-Based Metrics, in: 2013 International Conference on Social Computing, Behavioral-Cultural Modeling, & Prediction (SBP13), Berlin, Heidelberg: Springer, 2013, S.48-55

Neuman, Yair, Computational Personality Analysis. Introduction, Practical Applications and Novel Directions, Cham: Springer, 2016

Oliveira, Rodrigo de, Alexandros Karatzoglou, Pedro Concejero, Ana Armenta, Nuria Oliver, Towards a Psychographic User Model From Mobile Phone Usage, in: CHI '11 Extended Abstracts on Human Factors in Computing Systems, 2011, S.2191-2196

Quercia, Daniele, Michal Kosinski, David Stillwell, Jon Crowcroft, Our Twitter Profiles, Our Selves: Predicting Personality with Twitter, in: 2011 IEEE Third International Conference on Privacy, Security, Risk and Trust and 2011 IEEE Third International Conference on Social Computing, S.180-185

Reeves, Byron, Clifford Nass, The Media Equation. How People Treat Computers, Television, and New Media Like Real People and Places, Cambridge: University Press, 1996

Richards, Neil M., Jonathan H. King, Three Paradoxes of Big Data, in: The Stanford Law Review Online, September 2013

Schwartz, H. Andrew, Johannes C. Eichstaedt, Margaret L. Kern, Lukasz Dziurzynski, Stephanie M. Ramones, Megha Agrawal, Achal Shah, Michal Kosinski, David Stillwell, Martin E. P. Seligman, Lyle H. Ungar, Personality, Gender, and Age in the Language of Social Media: The Open-Vocabulary Approach, in: PLOS ONE, 2013, Bd.8, Nr.9, www.plosone.org

Takahashi, Dean, IBM Researcher Can Decipher Your Personality from Looking at 200 of Your Tweets, 08.10.2013, heruntergeladen von https://venturebeat.com/2013/10/08/ibm-researcher-can-decipher-your-personality-in-200-tweets/

Vinciarelli, Alessandro, A Survey of Personality Computing, IEEE Transactions on Affective Computing, 2014, Bd.5, Nr.3, S.273-291

Weingart, Peter, "Großtechnische Systeme" – Ein Paradigma der Verknüpfung von Technikentwicklung und sozialem Wandel?, in: ders. (Hg.), Technik als sozialer Prozeß, Frankfurt am Main: Suhrkamp, 1989, S.174-196

Wen, Jie, Kai Ming, Furong Wang, Benxiong Huang, Jianhua Ma, Cyber-I: Vision of the Individual's Counterpart on Cyberspace, in: 2009 Eighth IEEE International Conference on Dependable, Autonomic and Secure Computing, S.295-302

Yang, Huahai, Yunyao Li, Identifying User Needs from Social Media, IBM Research Report RJ10513 (ALM1309-013) September 23, 2013

Youyou, Wu, Michael Kosinski, David Stillwell, Computer-based Personality Judgments Are More Accurate than Those Made by Humans, in: Proceedings of the National Academy of Sciences of the United States of America, 2015, Bd.112, Nr.4, S.1036-1040

Zhou, Michelle X., Jeffrey Nichols, Thomas Dignan, Jennifer Golbeck, Steve Lohr, Jeffrey Hancock, Opportunities and Risks of Discovering Personality Traits from Social Media, in: CHI '14 Extended Abstracts on Human Factors in Computing Systems, 2014, S.1081-1086

BEI GRIN MACHT SICH IHR
WISSEN BEZAHLT

- Wir veröffentlichen Ihre Hausarbeit,
  Bachelor- und Masterarbeit

- Ihr eigenes eBook und Buch -
  weltweit in allen wichtigen Shops

- Verdienen Sie an jedem Verkauf

Jetzt bei www.GRIN.com hochladen
und kostenlos publizieren